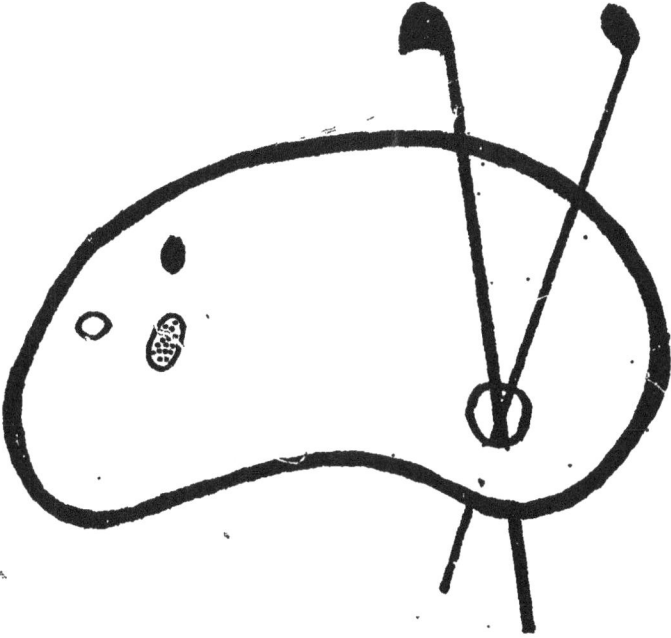

DEBUT D'UNE SERIE DE DOCUMENTS
EN COULEUR.

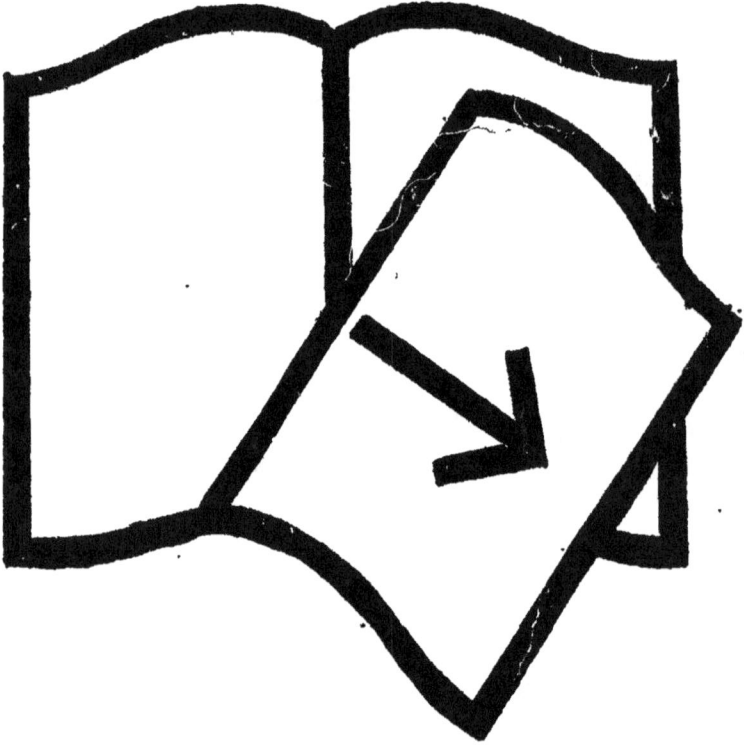

Couverture inférieure manquante

L'ATTAQUE DU MOULIN

DRAME LYRIQUE EN QUATRE ACTES

D'APRÈS

ÉMILE ZOLA

POÈME DE

LOUIS GALLET

MUSIQUE DE

ALFRED BRUNEAU

Représenté, pour la première fois,
sur le THÉÂTRE NATIONAL DE L'OPÉRA-COMIQUE, le 23 novembre 1893

❖

PARIS

G. CHARPENTIER ET E. FASQUELLE, ÉDITEURS

11, RUE DE GRENELLE, 11

—

1893

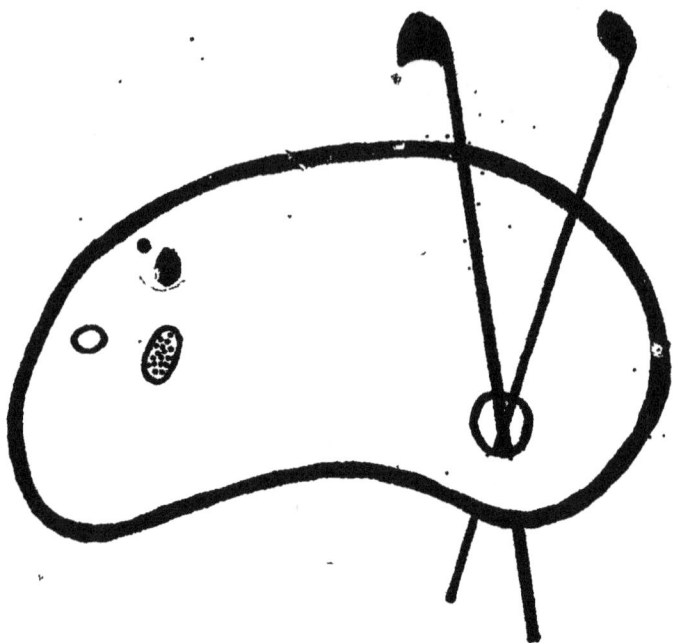

FIN D'UNE SERIE DE DOCUMENTS
EN COULEUR

L'ATTAQUE DU MOULIN

DRAME LYRIQUE

Représenté, pour la première fois, à Paris

sur le Théâtre National de l'Opéra-Comique le 23 novembre 1893

Direction de M. LÉON CARVALHO

DÉCORS DE M. JAMBON

COSTUMES DESSINÉS PAR M. THOMAS

Pour la représentation,
s'adresser à M. CHOUDENS, éditeur de musique
Boulevard des Capucines, 30

L'ATTAQUE DU MOULIN

DRAME LYRIQUE EN QUATRE ACTES

D'APRÈS

ÉMILE ZOLA

POÈME DE

LOUIS GALLET

MUSIQUE DE

ALFRED BRUNEAU

PARIS

G. CHARPENTIER ET E. FASQUELLE, ÉDITEURS

11, RUE DE GRENELLE, 11

1893

11072. — Imprimeries réunies, rue Mignon, 2, Paris.

A MADAME ÉMILE ZOLA

EST RESPECTUEUSEMENT DÉDIÉ

CE POÈME

ÉCRIT SOUS L'INSPIRATION

DU MAITRE-AUTEUR

de L'Attaque du Moulin.

L. G.

PERSONNAGES

SOLDATS FRANÇAIS ET SOLDATS ENNEMIS, PAYSANS ET PAYSANNES
JEUNES GENS ET JEUNES FILLES.

L'ATTAQUE DU MOULIN

ACTE PREMIER

La cour du moulin. — Le grand portail, ouvert au fond sur le village. — Un puits sous un orme immense, qui couvre la moitié de la cour. — Dans les bâtiments, l'ouverture basse d'un cellier.

SCÈNE PREMIÈRE

MARCELLINE, SERVANTES.

Des servantes, dirigées par Marcelline, mettent un couvert rustique sur trois grandes tables. Tout près de ces tables, sous l'arcade du cellier, un tonneau est prêt à être mis en perce. — Marcelline, très affairée, active son monde. — Le père Merlier paraît, sortant du moulin.

SCÈNE II

LES MÊMES, MERLIER.

MERLIER.

Eh bien! y sommes-nous, ma bonne Marcelline?

MARCELLINE.

Mais oui, père Merlier!
Tout est prêt, le vin bien au frais sous le cellier,

Le couvert mis à l'ombre, et, sur la nappe fine,
Votre plus beau service !

MERLIER, tout épanoui.

Allons, je suis content !
Voilà donc le grand jour venu !... Dire pourtant
Que tu t'en défiais d'abord, de Dominique !
Toi !

MARCELLINE, de bonne humeur.

Dame ! écoutez, ça s'explique.
Tous, d'abord, l'ont jugé de la même façon :
Un étranger tombé chez nous, un beau garçon
Sans doute, le regard clair, la mine superbe,
Mais un peu vagabond, vivant comme au hasard,
Le plus souvent, couché, tel qu'un lézard,
En forêt, le ventre dans l'herbe !

Les nôtres le tenaient pour un franc paresseux,
Et vous, ma foi, vous pensiez tout comme eux !

MERLIER.

C'est vrai !... Ce me fut une rude noise,
Un grand coup là, quand ma Françoise
Vint me dire, un matin, qu'elle voulait de lui !
La petite est têtue... Pardine ! elle a ma tête.
Elle a mon cœur aussi... La chose donc s'est faite.
On s'est boudé huit jours ; mais, aujourd'hui,
Entre nous entente parfaite !...
C'est que je me suis dit : « Il est certain
Que ma Françoise est bien une trop brave fille,
Pour vouloir qu'un feignant entre dans la famille ! »

Un beau matin,
J'ai cherché Dominique, et, toute la journée,
Je l'ai fait s'expliquer...
(Après un temps, lentement, gravement.)
Alors, je l'ai connu.

MARCELLINE.

Et vous nous êtes revenu,
L'air content, l'âme retournée...
Qu'a-t-il donc pu vous dire?

MERLIER.

Eh! le meilleur
De ce qu'on dit ne vaut que par le témoignage!
Et tu sais de quel bras il abat son ouvrage.

MARCELLINE.

Oui, c'est un vaillant travailleur.
Depuis un mois qu'il est ici, mis à l'épreuve,
Le moulin, qui semblait dormir, s'est réveillé.
Le vieux logis s'est égayé
D'une jeunesse toute neuve.

MERLIER.

Mon vieux moulin, mon bon moulin,
Depuis quarante ans je le mène.
De toute ma vie il est plein.
J'y connus la joie et la peine!

De l'aube au soir, dans le frisson
De l'eau transparente et glacée,
La roue y chante une chanson
Dont ma Françoise fut bercée.

Et, grâce au ciel, on l'entendra
Rompre le blé longtemps encore;
Et, sans trêve, elle reprendra
Son gai refrain à chaque aurore.

Entre des mains de paresseux,
J'aurais pleuré de la remettre;
Mais je sais qui sera son maître,
Et je mourrai fier et joyeux.

MARCELLINE.

Si vous êtes content, ah! je le suis de même;
Car, votre Françoise, je l'aime
Comme ma propre enfant!

MERLIER, attendri.

Sa mère n'est plus là, mais tu lui rends sa mère,
Bonne âme, va!

MARCELLINE.

Françoise m'est plus chère,
Depuis que j'ai perdu ceux-là que j'aimais tant,
Mes deux grands fils... si beaux!... si braves!...

Bon! je pleure!

(Se remettant, souriant à travers ses larmes.)
En vérité, ce n'est pas l'heure!
(Joyeusement.)
Françoise, oh! vous allez la voir.
Comme elle est belle sous son voile,
Avec son doux regard d'étoile,
Dans ses grands yeux de velours noir!

Ah! oui, belle, notre Françoise,
Avec ses lèvres de framboise,
Sa joue en fleur, son teint vermeil,
Son front couronné de soleil!

Quel joli couple ça va faire,
Elle et lui! Vous verrez, bon père,
Comme des jours les ans passer.
Nous n'aurons ici, pour mieux dire,
Quand leur jeunesse y va pousser,
Rien que des baisers et des rires!

MERLIER.

Voilà nos invités!

(Des paysans et des paysannes arrivent par petits groupes. Serrements de main.
Saluts plusieurs fois répétés.)

SCÈNE III

LES MÊMES, PAYSANS, PAYSANNES.

MERLIER, MARCELLINE, LES INVITÉS.

Salut!

MERLIER, au centre du groupe.

C'est, mes amis,
Pour vous dire que l'un à l'autre sont promis
Dominique Penquer et Françoise, ma fille!
Dans un mois, à la Saint-Louis,
Je les marie et veux tout d'abord, en famille,
Les fiancer, selon l'usage du pays!
C'est pourquoi je vous ai conviés à ma table,
Pour boire à leur santé!

LES INVITÉS.

Bien parlé! Maître, tous,
Oui, tous, et de bon cœur, nous sommes avec vous!
Vous suivez la coutume ancienne et respectable.
C'est bien, cela, très bien!... Commencez les chansons!

MERLIER.

Tous sont-ils céans?

MARCELLINE.

Tous!

MERLIER.

C'est parfait! Commençons!

(Marcelline va ouvrir une porte, par laquelle entrent une douzaine de jeunes
filles. Au milieu d'elles est Françoise voilée.)

2

SCÈNE IV

LES MÊMES, FRANÇOISE, GENEVIÈVE, JEUNES FILLES, PUIS DOMINIQUE ET JEUNES GENS.

LES JEUNES FILLES.

Dans le bois ne va plus, la belle!
  Il y rôde, a-t-on dit,
  Un beau garçon hardi,
Qui te veut ravir et t'appelle.
Belle, n'aie peur,—nous te gardons,
D'un voile fin nous te cachons.
  Qu'il cherche! Où donc est-elle?
  Va, frappe, crie, appelle!
Hardi là! le hardi garçon!

(Dans le fond, sur la route, Dominique s'est montré, à la tête d'une douzaine de jeunes gens.)

LES JEUNES GENS.

Hors du bois nous cherchons la belle,
  La plus belle, a-t-on dit,
  Pour un garçon hardi,
Qui l'aime d'amour et l'appelle.
La plus belle nous trouverons.
Au plus beau nous la donnerons.
  Qu'il cherche! Où donc est-elle?
  Va, frappe, crie, appelle!
Hardi là! le hardi garçon!

DOMINIQUE, frappant.

Demoiselle! demoiselle!
Ouvrez vite, ouvrez, c'est moi!

LES JEUNES FILLES.

Qui te donne tant d'audace?
Es-tu comte ou fils de roi?

DOMINIQUE.

Mendiant d'amour, je passe.
Mon espoir est dans sa grâce,
Mon audace est dans ma foi.

LES JEUNES FILLES.

Dans le bois ne va plus, la belle!
Belle, n'aie peur, nous te gardons.
D'un voile fin, nous te cachons.

LES JEUNES GENS.

Hors du bois, nous cherchons la belle.
La plus belle nous trouverons.
Au plus beau nous la donnerons.

LES JEUNES FILLES.

Qu'il cherche! où donc est-elle?

LES JEUNES GENS.

Va, frappe, crie, appelle!
Hardi là! le hardi garçon!

DOMINIQUE, frappant plus fort.

Demoiselle! demoiselle!

LES JEUNES FILLES.

Hardi là, le hardi garçon!

GENEVIÈVE, à Dominique.

Mais, avant que tu sois son maître,
Nous voulons du moins te connaître.
Ouvre ton cœur, c'est la grande vertu.
Réponds, comment la protégeras-tu?

DOMINIQUE.

Je la protégerai, fort, de toute ma force!
Les chênes à la rude écorce
Savent quel coup parfois mon bras leur a porté.
Dans mon sang a passé quelque peu de leur sève,
Et, dans l'air embaumé qui par les bois s'élève,
A pleins poumons j'ai bu la joie et la santé.

GENEVIÈVE.

Comment la nourriras-tu?

DOMINIQUE.

Sous la lourde meule,
Je pousserai la fleur du blé, de l'aube au soir.
J'arracherai ses fruits à la terre. Au pressoir
Je puiserai le vin. Ainsi, de ma main seule,
Elle tiendra la vie et le bonheur.

GENEVIÈVE.

Comment l'aimeras-tu?

DOMINIQUE.

Toute et de tout mon cœur!
D'un cœur solide autant que mes bras à la peine!
Il n'est de grand amour qu'en une race saine!
Ainsi nous serons forts tous deux et nous aurons
De beaux enfants en qui nous nous retrouverons!

LES JEUNES FILLES.

Allons! c'est trop bien répondu, la belle,
Pour qu'on te refuse au hardi garçon,
Qui te veut et t'appelle...
Tombe le fin voile où nous te cachons!

(Elles la dévoilent.)

FRANÇOISE, s'avançant.

Au cher mari qui m'appelle,
Mon cœur vole sans retour.
Par son aimante parole,
Mon cœur, tout embrasé, vole,
Mon cœur vole à son amour!

UN DES JEUNES GENS, l'arrêtant.

Un moment donc, la belle fille!
Nous aussi sommes désireux
De savoir s'il doit être heureux.
A bon garçon, femme gentille.

Tu ne l'auras qu'après avoir bien répondu...
Dis, comment le serviras-tu?

FRANÇOISE.

Comme voudrait le servir une mère,
Comme saurait le servir une sœur.
J'aurai souci de changer en douceur
Tout ce qui lui serait peine grave ou légère.

LE JEUNE HOMME.

Comment le consoleras-tu?

FRANÇOISE.

Quand il me reviendra, de labeur abattu,
A force de tendresse et de sollicitude,
Je ferai du foyer une béatitude.
Je serai la gaîté consolante aux cœurs las!
S'il pleure, il oublira ses larmes dans mes bras!

LE JEUNE HOMME.

Comment l'aimeras-tu?

FRANÇOISE.

Comme il m'aime lui-même,
2.

Comme déjà je l'aime et plus encore même,
  Si je le puis! Enfin, je l'aimerai
Aussi dans les enfants que je lui donnerai.
    Et, quand nous viendra la vieillesse,
  Nous la porterons avec allégresse.
On nous verra, le cœur jeune, les pas tremblants,
Promener notre amour, gai sous ses cheveux blancs!

LES JEUNES GENS ET LES JEUNES FILLES.

    Allez! le plus beau, la plus belle,
    Pour toujours donnez-vous la main.
      Allez! vous qu'Amour appelle :
    'On vous marîra demain!

DOMINIQUE ET FRANÇOISE, l'un près de l'autre.

Nous voilà fiancés! — A peine j'ose y croire!
      — Et pourtant, c'est bien vrai !
— Tout ce que j'ai souffert est loin de ma mémoire!
      Comme je t'aimerai!
— J'errais dans les grands bois, vivant de ta pensée!
— Je t'attendais ici, dans le moulin, bercée
    Par un joyeux espoir!
— Oh! ne plus nous quitter, nous voir, toujours nous voir!

      (Ensemble.)
    Tourne, roue à la voix chantante,
    Parle-nous d'amour infini ;
    Et que Dieu, sous ce toit béni,
    Nous réserve une paix constante,
    Dans la douceur de notre nid !

MERLIER ET MARCELLINE, ensemble.

    Que la roue à la voix chantante
    Vous parle d'amour infini !
    Vieillissez sous ce toit béni,
    Et goûtez une paix constante,
    Dans la douceur de votre nid !

TOUS LES ASSISTANTS.

Les voilà fiancés!... Ah! que Dieu les protège!
Ames plus blanches que la neige!
Qu'il est bon de s'aimer ainsi!
Allez sans crainte et sans souci!
Que la roue à la voix chantante
Vous parle d'amour infini!
Vieillissez sous ce toit béni,
Et goûtez une paix constante,
Dans la douceur de votre nid!

MERLIER, avec un grand trouble d'émotion et de joie.

Mes bons amis! Marcelline! Ma fille!
Que je t'embrasse!
(Après avoir embrassé Françoise, il la pousse dans les bras de Marcelline.)
Embrasse-la,
Toi qui l'as élevée!... Ah! petite, voilà
Du bonheur qui me vient pour mes vieux jours! Famille,
Amis, j'ai tout!... Tout me sourit!
A table, maintenant!

TOUS.

A table!

QUELQUES-UNS.

Vive la gaîté!

D'AUTRES.

Les soucis au diable!

MERLIER, gaîment.

Les soucis! Un bon coup de vin nous en guérit!
Défoncez le tonneau! Servez la soupe! A table!
Et ne nous pressons pas, nous avons tout le jour!

SCÈNE V

LES MÊMES, LE TAMBOUR DU VILLAGE.

Un roulement de tambour a retenti sur les derniers mots de Merlier. Tout le monde s'est arrêté.

MERLIER, après le roulement.

Tiens! qu'a-t-il donc à nous annoncer, le tambour?
(On s'écarte, on aperçoit le tambour dans le fond, sur la route.)

LE TAMBOUR, annonçant.

Il vous est fait savoir que la guerre est déclarée et que le maire convoque, dès ce jour, à la maison de ville, tous les hommes valides, qui partiront à la frontière.

TOUS.

Ah! la guerre! la guerre!

MERLIER.

La guerre! Quoi, sitôt? On ne l'attendait guère
En ce moment... Enfin!... Entrez, tambour!
(A Françoise.)
Un verre
Au brave homme! et qu'il boive avec nous,
Tout de même, au bonheur des deux futurs époux!

MARCELLINE, très frappée.

Ah! la guerre, l'horrible guerre!
Je l'ai vue! Oh! oui! j'en ai trop souffert!
C'est le châtiment de la terre
Que Dieu punit par la flamme et le fer!...

Les cavaliers lâchés au travers des vallées,
Écrasant les moissons,

Les grands blés mûrs détruits, les avoines foulées,
Sous l'enragé galop des bêtes fouaillées,
  Qui traînent les canons.
Les toits incendiés, le sang et le pillage,
  Tous les travaux anéantis.
La mort du pauvre monde et le deuil au village...
  Ah! la guerre, je la maudis!

Vous les avez connus, vous tous, mes deux grands fils,
Jean, Antoine, tous deux si vaillants à l'ouvrage,
  Et pleins d'un si mâle courage,
  Quand la guerre me les a pris !

Je les revois encor dressant leur haute taille...
  Ils sont tombés dans la même bataille.
En un moment, tous deux, la mort les a fauchés.
Je ne sais même pas où leurs corps sont couchés...
  Oui, la voilà, la guerre!

LE TAMBOUR, rondement.

      Eh! bonne dame,
N'en faut point tant dire de mal.
  La guerre, ça réchauffe l'âme!
On cogne dur, c'est un régal!
Eh! sans doute, y a de la casse!
Mais, quand on vous taquine, quoi?
  Qu'on vous crache l'injure en face,
  Y f'rait beau voir qu'on reste coi!
     (Levant le verre, vers Dominique et Françoise.)
Enfants, à vous d'abord! Puis, achevons le verre,
Pour les autres, qui vont se battre à la frontière!

MERLIER, DOMINIQUE ET TOUS LES HOMMES.

Bien dit, tambour!

FRANÇOISE, à Dominique, inquiète.

    Ah! toi, tu ne partiras pas!

DOMINIQUE.

Je suis Flamand, c'est vrai; mais qu'un jour passe
L'ennemi par-chez nous, qu'un danger te menace,
   Oh! alors, tu verras!

MERLIER, puis TOUS.

Allons! à table, enfants!... Tambour, encore un verre,
Pour les nôtres qui vont se battre à la frontière!

(Tous lèvent leurs vorres. — Rideau.)

ACTE DEUXIÈME

Une vaste pièce, avec un vieux mobilier de campagne. — Meubles écornés par les balles. — Matelas aux fenêtres. — Un soldat blessé s'adosse au mur; un autre, agenouillé, épaule et va lâcher son coup de feu. — Dominique, au milieu des soldats, vient de tirer et recharge son arme. — Merlier, assis, porte au front la trace légère d'un coup de feu.

SCÈNE PREMIÈRE

DOMINIQUE, MERLIER,
LE CAPITAINE FRANÇAIS, SOLDATS,
puis FRANÇOISE.

Au lever du rideau, scène muette. Après un temps, le capitaine, qui est allé regarder par une ouverture, tape sur l'épaule de l'homme qui est sur le point de tirer.

LE CAPITAINE FRANÇAIS.

Cessez le feu !
(Consultant sa montre.)
Cinq heures ! nous y sommes !...
Le colonel a dit : cinq heures ! J'ai tenu
Jusqu'au moment fixé.
(A un sergent.)
Ralliez tous nos hommes.
Replions-nous.
(Souriant à Françoise qui entre, encore tout émue.)
Vous avez eu
Bien peur, ma belle enfant !
(Regardant autour de lui.)
En somme,
Plus de peur que de mal. Malgré ce feu d'enfer,
Voyez, le logis seul a quelque peu souffert.

(A Dominique, lui serrant la main.)

Vous, mon garçon, merci ! Pas une amorce
Brûlée en vain ! Que n'avons-nous, là-bas,
  Quelques tireurs de votre force !
  A chaque coup, un homme à bas !

(A ses soldats, qui défilent aussitôt devant lui.)

En route, nous ! filons sous bois, par les venelles !

(Au père Merlier.)

Mon brave homme, au revoir ! Nous reviendrons !

(Il salue Françoise et sort à la suite de ses hommes.)

SCÈNE II

LES MÊMES, moins L'OFFICIER FRANÇAIS ET LES SOLDATS.

MERLIER, qui s'est levé.

Ah ! mon pauvre moulin, ils t'en font voir de belles !
  Si ça recommence, ils t'achèveront.

FRANÇOISE.

  Mon Dieu ! j'ai pourtant du courage.
Mais ces coups de feu, ces cris, cette horreur...
  Un moment, j'ai cru qu'un orage
  Nous emportait... J'ai bien eu peur !

  Cependant, j'étais là, derrière.
  Je ne courais aucun danger,
Tant que j'aurais eu, pour me protéger,
  Mon Dominique, et vous, cher père.

  Et puis, j'avais là ce couteau ;
Et, si, vous morts, j'avais dû me défendre,
  J'étais résolue à le prendre,
  Pour résister et me tuer plutôt !

  C'est vrai, je ne suis qu'une femme.
Mais, dès qu'un malheur nous menacerait,

J'oserais t'invoquer, claire lame,
Couteau qui nous délivrerais!

Mais vous! qu'avez-vous donc, mon père?
Vous êtes blessé!

MERLIER.

Ce n'est rien.

DOMINIQUE, encore très animé.

Tonnerre!

C'est trop! Eh! bien sûr, ça ne me regardait pas.
La guerre doit rester l'affaire des soldats.
Mais, quand je vous ai vu touché par cette balle,
Et ma Françoise, là, tremblante, toute pâle,
  Je n'ai pas pu, c'était plus fort que moi!
La colère m'a pris, je les aurais, ma foi!
Tués tous; et moi qui n'aurais pas dû me battre,
J'ai fait à moi tout seul la besogne de quatre!

MERLIER.

Ah! le triste jour que voilà!
Et c'est la Saint-Louis pourtant! Une bataille
Au lieu d'un mariage! Ah! qui nous eût dit ça,
Le mois dernier, quand nous fêtions vos fiançailles?
Qui nous eût fait prévoir ce grand deuil du pays,
Notre France égorgée et ses champs envahis!

FRANÇOISE, tout à coup.

Père, écoutez!... cette marche lointaine!
Ce sont les Français qui reviennent...
                    (Rumeur grandissante au dehors.)

LE PÈRE MERLIER, après avoir écouté.

Non!

Non! Des pas lourds, des chevaux, du canon!
C'est l'ennemi!

DOMINIQUE.

La cour du moulin en est pleine!

3

SCÈNE III

LES MÊMES, LE CAPITAINE ENNEMI, SOLDATS ENNEMIS.

VOIX DES SOLDATS ENNEMIS, au dehors.

Mort à qui nous résistera!
Hourra! hourra! hourra!

(Françoise s'est jetée dans les bras de son père. Dominique se place devant eux,
comme pour les protéger. Brusquement, la porte s'ouvre. Le capitaine ennemi
paraît, suivi de soldats, qu'il arrête sur le seuil.)

LE CAPITAINE ENNEMI.

Quel est le maître ici?

MERLIER, ferme.

Le maître,

C'est moi!

LE CAPITAINE ENNEMI.

Vous ne cachez point de soldats?

MERLIER, froidement.

Voyez!

LE CAPITAINE ENNEMI.

Ceux qui vous défendaient se sont donc repliés...
Par où sont-ils partis?

MERLIER, avec un geste indifférent, désignant vaguement deux points
contraires.

Par là! Par là, peut-être!

(Un peu narquois.)

Il faut chercher, mon bon monsieur.

LE CAPITAINE ENNEMI.

Allons, c'est bien!...

Nous camperons ici.

MERLIER.

Soit! si ça peut vous plaire.

LE CAPITAINE ENNEMI.

Il nous faudra des vivres!

MERLIER.

Je n'ai rien,
Mais, comme on dit, à la guerre comme à la guerre!
Et je ferai le nécessaire
Pour vous nourrir ainsi que vos soldats,
Si vous ne me bousculez pas!

(Il va pour sortir. Mais l'attention du capitaine s'est fixée sur Françoise et sur Dominique.)

LE CAPITAINE ENNEMI, montrant Françoise.

C'est votre fille?

MERLIER.

C'est ma fille.

LE CAPITAINE ENNEMI.

Et ce jeune homme?

(Tout à coup, ayant regardé plus attentivement.)

Les mains noires de poudre! un fusil!... Eh! comment
Se fait-il qu'il ne soit pas à son régiment?

DOMINIQUE, simplement.

Je ne suis pas Français.

LE CAPITAINE ENNEMI.

Pas Français !

DOMINIQUE.

On me nomme
Dominique Penquer.

LE CAPITAINE ENNEMI.

Et vous avez tiré ?
Vous le reconnaissez !

DOMINIQUE.

C'est vrai !

LE CAPITAINE ENNEMI.

Vous avez tiré ! C'est contraire
A toutes les lois de la guerre !
(Aux soldats restés à la porte.)
Une sentinelle ici !
Une autre au bas de la fenêtre que voici !
(A Dominique.)
Vous serez fusillé !

FRANÇOISE, terrifiée.

Mon père !
—Entends-tu, fusillé !

MERLIER, bas.

Laisse-moi faire.
(Comme à lui-même, mais haut, regardant l'officier.)
On ne fusille pas un homme comme ça !
(Bas à Françoise.)
Il faut sortir d'abord.
(Venant avec bonhomie vers le capitaine, impassible.)
Dites-moi, capitaine,

Ce matin, juste avant que le feu commençât,
Moi, j'avais terminé la moisson... Dans la plaine,
Les blés mûrs sont couchés... Voyez-vous la raison,
Parce que l'on se bat, de perdre la moisson?
Le bon pain du bon Dieu!... Nos femmes peuvent-elles, —
Je crains la pluie, — aller relever les javelles?

                                (Silence de l'officier. Insistant.)

  Oui, n'est-ce pas?

      LE CAPITAINE ENNEMI, après réflexion.

           Oui! comme il vous plaira!...
Mais nos vivres avant une heure!

      LE PÈRE MERLIER, rondement.

            On y sera!

(Bas à Dominique.)
Courage!
    (Bas à Françoise.)
   Laissons-les ensemble, et qu'ils s'expliquent!...
Viens, tout s'arrangera.

      DOMINIQUE, douloureusement.

Françoise!
    (Elle veut se jeter dans ses bras.)

     LE CAPITAINE ENNEMI, avec un geste impérieux.

   Allez!

     FRANÇOISE, en sortant avec son père.

   Mon pauvre Dominique!

SCÈNE IV

LE CAPITAINE ENNEMI, DOMINIQUE.

LE CAPITAINE ENNEMI, après un silence.

Alors, vous êtes étranger...
Donc, vous ne connaissez pas la forêt voisine?

DOMINIQUE, vivement.

La forêt? par exemple! A l'aise et sans danger,
Fermant les yeux, j'irais partout, sente ou ravine.
Jusqu'aux chemins perdus, tous me sont familiers.
(Voyant que l'officier l'écoute avec complaisance.)
Mon père avait ici jadis de vastes coupes,
Et nous allions, enfants, par troupes,
Courir à travers les halliers.
(A lui-même.)
L'heureux temps! la libre existence!

LE CAPITAINE ENNEMI.

Ah! vous connaissez la forêt!...
C'était, je pense,
Votre femme qui, là, tout à l'heure, pleurait?

DOMINIQUE.

Non, ma fiancée.

LE CAPITAINE ENNEMI, avec intention.

A votre âge,
Quand on est plein de force et de courage,
Qu'on est joyeux, qu'on est aimé, qu'un cher espoir

Rit à votre jeunesse heureuse,
N'est-ce pas que la mort est une chose affreuse?

DOMINIQUE, fermement.

J'ai fait selon mon cœur et selon mon devoir!

LE CAPITAINE ENNEMI.

Et si je vous offrais de vivre encore !
Si je vous faisais grâce... Au prix
D'un service?

DOMINIQUE.

Lequel?

LE CAPITAINE ENNEMI.

N'avez-vous pas compris?
Il faudrait, dès l'aurore, —
Car, ce soir, il est trop tard, — il faudrait,
Par les plus courts chemins de la forêt,
Nous conduire au plateau qui domine la plaine.

DOMINIQUE, avec éclat.

Ça, jamais, capitaine !

LE CAPITAINE ENNEMI.

Pourquoi?

DOMINIQUE.

Je ne suis pas de ce pays,
Mais mon libre choix m'en a fait le fils.
Ici, celle que j'aime est née.
Ici, lorsque sa main me fut donnée,
De ce rêve accompli j'ai connu les douceurs.

Et, même pour sauver ma vie,
Ce serait la pire infamie
Que de trahir ces braves cœurs !
Non !

LE CAPITAINE ENNEMI.

C'est bien réfléchi ?

DOMINIQUE.

Non !

LE CAPITAINE ENNEMI, insistant.

Vous dites non ?

DOMINIQUE.

Mille
Et mille fois non !

LE CAPITAINE ENNEMI, le regardant avec un vague sentiment de pitié.

Et pourtant...

DOMINIQUE, nettement, coupant court.

C'est inutile !
Ma vie est dans vos mains.

LE CAPITAINE ENNEMI.

C'est bon ! Vous serez fusillé demain !
(Il sort et enferme Dominique.)

SCÈNE V

DOMINIQUE, seul.

Il est allé lentement vers une fenêtre et il contemple la forêt.

Le jour tombe, la nuit va bercer les grands chênes.
Un large frisson passe et la forêt s'endort.
Elle exhale déjà sa lente et rude haleine.
L'odeur puissante fume au ciel de pourpre et d'or.

Adieu, forêt profonde, adieu, géante amie,
Forêt que posséda mon rêve de seize ans,
Quand j'allais, chaque soir, te surprendre, endormie,
Défaillant sous ton ombre et perdu dans tes flancs.

Et si, demain, je suis fusillé, dès l'aurore,
Que ce soit sous tes pins, tes frênes, tes ormeaux.
Je veux dormir en toi, je veux t'aimer encore,
Sous l'entrelacement pâmé de tes rameaux.

Et, si Françoise vient, à genoux sur tes mousses,
Pleurer, tu mêleras tes sanglots à ses pleurs.
Vos larmes, dans la nuit, me baigreront, très douces...
Adieu, Françoise! adieu, forêt! chères douleurs.

(Françoise, descendant de l'étage supérieur par l'échelle de fer, apparaît parmi les
lierres et les rosiers qui garnissent la fenêtre.)

SCÈNE VI

DOMINIQUE, FRANÇOISE.

DOMINIQUE.

Toi!

FRANÇOISE.

Chut!... Oui, de là-haut, sous le manteau du lierre
Et des rosiers, par l'échelle de fer,
J'ai pu furtivement descendre.
(Il veut parler, elle l'arrête.)
Attends!... Mon père
A vainement tenté tout ce qui s'est offert.
L'officier le rudoie et ne veut rien entendre.
Il n'est, pour ton salut, plus qu'un moyen à prendre :

Il faut fuir, mais dans un moment,
Quand la nuit tombera... Je te dirai comment.

DOMINIQUE, avec une tendresse ardente.

Ah! qu'importe, pourvu que nous soyons ensemble,
   Que mon cœur batte sur ton cœur!
Heureuse est, malgré tout, l'heure qui nous rassemble,
   Dans ce coin d'ombre et de douceur!
N'écoutons que nos voix, ne pensons qu'à nous-mêmes!
Aime-moi, aime-moi toujours!

FRANÇOISE.

Comme tu m'aimes!

DOMINIQUE.

Te le rappelles-tu? Combien de fois, la nuit,
   Sous la lune aux caresses douces,
Je mêlai ma chanson au bruit
   Du flot qui court, là, dans les mousses!

FRANÇOISE.

Moi, j'accourais à ta chanson,
Et, d'un grand air d'indifférence,
A la porte de la maison,
Je venais m'asseoir en silence.
Que tu me semblais fort et beau,
Si grand, là-bas, au bord de l'eau,
Que ton front touchait les étoiles!

DOMINIQUE.

Du soir tombant qui t'entourait,
De loin, je dégageais les voiles,
Pour emporter, sous les étoiles,
Ton image dans ma forêt.

FRANÇOISE.

Oui, tu n'osais, fier et sauvage,
Croire que je t'accueillerais...

DOMINIQUE.

Et qu'un jour, je contemplerais
Comme mon bien ton frais visage.

FRANÇOISE.

Ah ! que j'ai lutté pour t'avoir !
Mais tous à la fin m'ont suivie.

DOMINIQUE.

Il m'avait suffi de te voir
Pour te donner toute ma vie !

FRANÇOISE.

Mon Dominique, maintenant,
Puisque la joie est dans notre âme,
Nous vivrons, ne nous souvenant
Que de l'heure où je fus ta femme.

DOMINIQUE.

O ma Françoise, maintenant,
Puisque la joie est dans notre âme,
Nous vivrons, ne nous souvenant
Que de l'heure où tu fus ma femme.

DOMINIQUE.

Et le vieux moulin chantera
De gai travail et de tendresse.

FRANÇOISE et DOMINIQUE.

Et notre amour y fleurira,
Au soleil de notre jeunesse !

VOIX DES SOLDATS ENNEMIS, au dehors, avec une rudesse joyeuse.

A la soupe! dépêchons-nous!

LA VOIX DU CAPITAINE ENNEMI.

Changez les sentinelles!

UNE AUTRE VOIX, plus lointaine.

Garde à vous!

FRANÇOISE, brusquement terrifiée.

Mon Dieu! quelle chute profonde!
Nous avions oublié le monde.

DOMINIQUE.

Ah! notre pauvre amour!

FRANÇOISE.

Non! je veux espérer!

DOMINIQUE.

Nous étions fous. Que le sort s'accomplisse!
Du péril où je suis, rien ne peut me tirer.

FRANÇOISE.

Écoute, l'instant est propice...
Dominique, il faut fuir. Là, l'échelle de fer
Descend jusqu'au ruisseau. Déjà le ciel moins clair
Te favorise.

DOMINIQUE.

Non! Si je vous abandonne,
Que deviendrez-vous tous?

FRANÇOISE.

Mais, prisonnier, tu ne peux rien pour nous!
Et puis, ils te tueront, j'en suis sûre! Ah! pardonne
Mes larmes, je ne vis plus que pour notre amour!
    Si tu meurs, je meurs à mon tour...
Le moindre retard te serait funeste,
Et tu dois m'obéir, si tu m'aimes.

DOMINIQUE.

                    Je reste!
Je veux vivre où tu vis, ou mourir.

FRANÇOISE.

                    Toi sauvé,
Avant ce soir, je t'aurai retrouvé.
    Tous deux, dans la forêt profonde,
Nous irons à travers les taillis frissonnants,
    Nous aimer en paix, loin du monde,
Gardés par tes amis, les chênes de cent ans.

DOMINIQUE, vaincu.

Eh bien! j'obéirai... Mais cette sentinelle,
Près du ruisseau, comment nous débarrasser d'elle?...
Elle chante, écoute!... Ah! quel chant doux et navré!

LA VOIX DE LA SENTINELLE, au dehors.

LIED.

Mon cœur expire et moi j'existe.
Mon pauvre cœur est toujours fatigué.
L'amour qui part le laisse triste,
L'amour qui vient ne le rend pas plus gai.

La joie est courte et le deuil est immense.
Je n'attends rien du douteux avenir.
Ah! que plutôt jamais rien ne commence,
Puisque, un jour, tout doit forcément finir.

4

FRANÇOISE, regardant.

La sentinelle est seule...
Nos femmes, là, tout près, mettent les blés en meule.
Je vais les retrouver... Dès que tu me verras,
Descends!... Nous, alors, tandis que tu descendras,
Nous parlerons à ce soldat, pour le distraire.

DOMINIQUE.

Mais s'il me voit?

FRANÇOISE.

A lui tu marcheras!

DOMINIQUE.

S'il crie?

FRANÇOISE, prenant le couteau qu'elle a gardé et le lui donnan

Eh bien, tiens! tu le feras taire!

On entend de nouveau le lied de la sentinelle. Françoise disparaît par la fenêtre
Dominique reste seul, le couteau à la main. — Rideau.)

ACTE TROISIÈME

Le moulin vu du côté des prés et des champs. — Vieille bâtisse très pittoresque, percée de fenêtres irrégulières, couverte de plantes grimpantes. — On voit la grande roue, au repos dans l'eau claire de la Morelle. — Une planche est jetée en travers du ruisseau. — Il y a là, voisin de cette passerelle, un grand saule, près duquel est une sentinelle, debout, appuyée sur son fusil.

SCÈNE PREMIÈRE

LA SENTINELLE, SEULE.

Au lever du rideau, le cri des sentinelles vient de loin. Il est jeté par la sentinelle en scène, passe et se perd, de l'autre côté du ruisseau. C'est un simple cri de vigilance, ne se formulant en aucune parole. Un silence, après lequel la voix de la sentinelle s'élève.

LA SENTINELLE ENNEMIE, seule, répétant le lied.

Mon cœur expire et moi j'existe.
Mon pauvre cœur est toujours fatigué.
L'amour qui part le laisse triste,
L'amour qui vient ne le rend pas plus gai.

La joie est courte et le deuil est immense.
Je n'attends rien du douteux avenir.
Ah! que plutôt jamais rien ne commence,
Puisque, un jour, tout doit forcément finir.

SCÈNE II

LA SENTINELLE, CHŒUR DE JEUNES FILLES AU FOND, PUIS MARCELLINE.

CHŒUR DES JEUNES FILLES, au dehors.

Courage! le travail avance!
Allons! Tout est engerbé, tout lié!

C'est des chaumes sanglants que renaît l'espérance.
La terre encor nous a donné du blé!

(Après ce chœur, Marcelline est venue en scène. Elle contemple longuement
la sentinelle immobile.)

SCÈNE III

MARCELLINE, LA SENTINELLE.

MARCELLINE.

Là! debout sous le saule,
Ce soldat ennemi! Qu'il est fier, jeune et beau!
A sa robuste épaule,
Son lourd fusil n'est qu'un léger roseau.

Il ressemble à mon Jean! Et, comme lui, sans doute,
Il se bat bien et va, qui sait? pauvre étranger,
— Sans larmes je n'y puis songer, —
Loin des siens tomber mort, sur quelque route,
Dans quelque coin. Le triste sort, hélas!

(S'approchant.)

Soldat, de quel pays êtes-vous?

LA SENTINELLE, avec un grand geste mélancolique.

De là-bas!
De l'autre côté du grand fleuve!

MARCELLINE.

Vous avez encor votre mère?

LA SENTINELLE.

Oui, veuve,
Et très vieille, et très seule au village!

(Avec un soupir.)

Ah! c'est loin!

MARCELLINE, avec pitié.

La pauvre femme! Dieu, si bon, en prenne soin!

LA SENTINELLE.

Il est aussi, là-bas, une fille aux mains blanches,
Blonde, avec de grands yeux, bleus comme des pervenches,
  Que j'aime bien, qui m'aime bien!

MARCELLINE.

  La pauvre enfant!
        (Elle s'approche, et il s'oublie à la regar er, très intéressé.)
        Et pouvez-vous me dire
Pourquoi vous vous battez?

LA SENTINELLE.

        Pourquoi? En sait-on rien!

MARCELLINE.

Vous êtes venu pour tout tuer, tout détruire
Chez nous...

LA SENTINELLE.

    Je ne sais pas pourquoi je suis venu.
Je sais que je voudrais retourner vers ma mère,
  Vers mon amie!
        (Se reprenant soudainement.)
        Eh! mais, au large, arrière!
  Vous me faites causer... Arrière!

MARCELLINE, à elle-même, le contemplant encore.

  Ah! le cher inconnu,
Quelle joie il me donne et quelle peine amère!
C'est bien vrai qu'il ressemble à Jean. Il a sa voix.
  Mon pauvre fils! je l'entends, je le vois!...
Adieu, soldat, que Dieu te sauve de la guerre!

(Marcelline sort. La nuit tombe. La sentinelle a repris son immobilité. A ce
  moment, on aperçoit Dominique dans les saules, près du moulin. Françoise
  a paru au fond, et, guettant, le voit aussitôt. Elle ramène vivement les jeunes
  filles, chargées de gerbes.)

                                        4.

SCÈNE IV

FRANÇOISE, DOMINIQUE caché, GENEVIÈVE, LA SENTINELLE, JEUNES FILLES.

FRANÇOISE.

Rentrons vite, rentrons, venez!
La dîme des blés moissonnés
Vous appartient. Emportez votre gerbe!

GENEVIÈVE, stylée par Françoise.

La part est lourde! C'est une moisson superbe.
(A la sentinelle.)
Soldat, pourquoi ne nous aidez-vous pas?
Vous avez pourtant de bons bras
Et des épaules larges,
Qui porteraient gaîment ces lourdes charges!

LES JEUNES FILLES, gaîment.

Aidez-nous, allons, soldat, aidez-nous!
Dites, voulez-vous
Nous alléger de notre charge?

LA SENTINELLE, durement

Arrière! Arrière!... Au large!
(Les jeunes filles sortent. Françoise reste en scène, à l'écart.)

SCÈNE V

FRANÇOISE, GENEVIÈVE, LA SENTINELLE, ENNEMIE, DOMINIQUE.

Le cri des sentinelles recommence. La sentinelle en scène répond, et le cri
passe. Dominique s'est engagé avec précaution sur la passerelle. Il va fuir,
quand, tout à coup, la sentinelle se retourne, s'élance et lui oppose la pointe
de sa baïonnette. Dominique écarte violemment l'arme, se jette sur le soldat
qu'il frappe à la gorge de son couteau. La sentinelle pousse un grand cri et
tombe. Françoise s'enfuit épouvantée. La nuit est devenue complète. La
scène reste un instant déserte, avec le corps étendu.

SCÈNE VI

SOLDATS ENNEMIS, puis LE CAPITAINE, MERLIER, FRANÇOISE.

PREMIER SOLDAT, arrivant effaré.

Je viens d'entendre un cri.

DEUXIÈME SOLDAT.

Que s'est-il donc passé?

PREMIER SOLDAT.

Un grand cri, là, qui m'a glacé !

TROISIÈME SOLDAT.

Qu'arrive-t-il?

DEUXIÈME SOLDAT.

On ne peut guère
Savoir, par cette nuit si noire !

UN AUTRE.

Eh ! là, par terre,
Un homme, un corps !

TOUS.

De la lumière !

UN SERGENT, avec d'autres soldats portant des torches.

Qu'est-ce ? Voyons !

LES SOLDATS.

De la lumière !
(Ils regardent, reconnaissent la sentinelle.)
Un des nôtres, assassiné !

TOUS.

Vengeance !... Ah ! nous brûlerons le village,
Nous saccagerons tout ! Cela vous met en rage,
De voir ainsi tomber un brave !... Ils n'ont donné
Qu'un seul coup, mais d'une main sûre...
Voyez la terrible blessure !
Vengeance !

(Le capitaine ennemi paraît.)

LE SERGENT.

Capitaine, un camarade mort !
Assassiné, voyez !

LE CAPITAINE.

Les misérables !
Homme pour homme, corps pour corps !
Il faut trouver, châtier les coupables !...
Le maître du moulin ! Qu'on le fasse venir !

LES SOLDATS.

Le voici
(On pousse devant lui le père Merlier et Françoise.

LE CAPITAINE, au père Merlier.

L'un de nos hommes
Vient d'être assassiné, là, voyez !... Nous en sommes,
Maintenant, à chercher qui nous devons punir.
Il nous faut un exemple éclatant, et je compte
Que vous m'aiderez à faire justice prompte !

MERLIER.

Moi, je veux bien, certainement...
Seulement, capitaine...

LE CAPITAINE.

Seulement ?

MERLIER.

Ce ne sera pas bien commode.

LE CAPITAINE, froid, ironique.

Ah !

MERLIER, bonnement.

Non !

LE CAPITAINE, lui mettant brusquement sous les yeux le couteau ramassé près
de la sentinelle.

Peut-être,
Regardez ce couteau, pourriez-vous le connaître?

FRANÇOISE, à part.

Oh ! le couteau !

MERLIER, toujours avec bonhomie.

Mon Dieu !
Tout le monde a de ces couteaux dans nos campagnes.
Oui, pareils.

LE CAPITAINE, éclatant

Si la colère me gagne,
Je fais mettre le feu
Dans le moulin et dans tout le village !

UN SOLDAT, accourant.

Capitaine ! le prisonnier
S'est échappé !

LE CAPITAINE, furieux.

Voilà ! Sans chercher davantage,
C'est lui ! c'est le gredin ! Il a dû s'éloigner
Par ces bois qu'il connaît !

MERLIER, avec un cri étouffé, à part.

Dominique!

FRANÇOISE, à demi-voix.

Mon père!
Je tremble!

Pendant ce qui précède, les soldats ont jeté un grand manteau militaire sur le
corps de la sentinelle, qu'un peloton entoure et qu'on ne voit plus.)

LE CAPITAINE.

Voyons! Je veux qu'on m'éclaire.
M'entendez-vous?

MERLIER.

Certe!

LE CAPITAINE.

Il faut aujourd'hui
Le retrouver, ou tous demain paîront pour lui.
Vous devez savoir sa retraite...
Vous la savez!

MERLIER, sans s'émouvoir, sincèrement.

Non! sur ma tête!
D'ailleurs, comment, dans la forêt,
Chercher un homme? Ce serait
Chercher dans le foin une aiguille!

LE CAPITAINE.

Eh! cet homme est l'amant de votre fille!
Vous l'avez fait fuir! C'est certain.

Vous allez le livrer, sinon...
(Il regarde le père Merlier, qui demeure impassible, silencieux.)
Ah! la menace
Ne vous décide pas?
(Même silence.)
Eh bien! donc, à sa place,
Vous serez fusillé!

FRANÇOISE.

Dieu!

LE CAPITAINE.

Dès demain matin!

MERLIER.

Alors, c'est sérieux? Je veux bien, moi.

FRANÇOISE.

Non! grâce!

MERLIER, à Françoise.

Laisse donc!
(Au capitaine.
S'il vous faut quelqu'un, absolument,
Je suis prêt... Autant moi que l'autre assurément!

FRANÇOISE, égarée, se jetant vers l'officier.

Grâce! grâce! Épargnez mon père,
Soyez pour moi seule sévère,
Car moi seule ai fait tout le mal.
Dominique est parti sur mon conseil fatal.
Oui, c'est moi qui l'ai fait coupable...
(Effrayée de ce qu'elle vient de dire.)
Mais que dis-je là, misérable?
Je l'accuse...

MERLIER, à Françoise.

Pourquoi mens-tu?
                                (Aux autres.)
                                C'est qu'elle ment!
Ma fille ne m'a pas quitté, je vous assure,
Un seul moment!

FRANÇOISE, à l'officier.

Non! je dis la vérité pure.
                        (Lui montrant le moulin.)
    Regardez. C'est par là
Que je suis descendue auprès de lui. Sans peine,
C'est par là qu'il a pu s'enfuir.

MERLIER, s'interposant et rudement.

                            Eh! capitaine,
Puisqu'il vous faut un homme et puisque me voilà,
    La chose est toute claire
    Et ne veut pas tant de façons!
Prenez-moi, fusillez-moi, pardi! finissons!

FRANÇOISE, se précipitant.

Oh! mon père!

LE CAPITAINE, à Françoise.

    Mon Dieu, si je prends votre père,
C'est que je ne tiens pas l'autre. Mais vous pouvez
Tout réparer encor, si vous le retrouvez!

FRANÇOISE, désespérée.

    C'est horrible!... Et que puis-je faire?
Où voulez-vous, dans la nuit, dans les bois,

Que je le retrouve?
(Suppliante.)
Encore une fois,
Si votre cœur n'est pas de glace,
J'implore votre appui!... Clémence, pitié, grâce!

MERLIER.

A quoi bon lui demander grâce,
Puisque son cœur est de glace?
Et pourquoi tant de façons?
Prenez-moi, fusillez-moi, finissons!

FRANÇOISE.

Grâce, grâce!
J'implore votre appui!

LE CAPITAINE.

Choisissez : votre père ou lui!

FRANÇOISE, à ses pieds.

Tuez-moi donc, moi, tout de suite,
Tuez-moi, je vous en supplie, et vite!

MERLIER.

C'est trop déjà!
Puisqu'il vous faut un homme et puisque me voilà,
Finissons!

FRANÇOISE.

Grâce! grâce!

5

LE CAPITAINE.

Non! votre père ou lui!

(Françoise tombe défaillante dans les bras de son père. — Au fond, le corps de la sentinelle a été placé sur un brancard de feuillages, que les soldats, éclairés par
les torches, se disposent à emporter. A ce moment, d'un commun mouvement,
tous se groupent et se découvrent. — Alors, leur chant s'élève dans la nuit,
simple et grave, d'un très haut sentiment religieux.)

LE CAPITAINE et LES SOLDATS.

Frère, nous te ferons de belles funérailles.
Si tu n'es pas tombé dans les vastes batailles,
Tu ne sors pas moins grand, tu ne sors pas moins pur,
De l'accomplissement de ton destin obscur!

Tu n'iras pas dormir dans le vieux cimetière.
Mais, au village, si nous devons le revoir,
Va, nous adoucirons les larmes de ta mère,
En lui disant comment tu remplis ton devoir!

(Rideau.)

ACTE QUATRIÈME

La cour du moulin gardée militairement. Même décor qu'au premier acte, mais désolé, portant des traces de la bataille. — On a
percé dans les murs des meurtrières. — Le jour se lève.

SCÈNE PREMIÈRE

MARCELLINE, puis FRANÇOISE, UN TROMPETTE
ENNEMI.

MARCELLINE, désignant les soldats endormis au dehors.

Ils dorment, là-bas, sur la terre nue,
Dans leurs grands manteaux blancs ensevelis,
Comme des morts, les traits pâlis!
(Après un temps.)
Les pauvres gens! la nuit venue,
Combien d'entre eux seront pour toujours endormis?
(Allant ouvrir la porte du moulin et amenant Françoise.)
Allons, viens vite, avant que sonne la diane.
Calme-toi, viens!

FRANÇOISE.

Me calmer! Je ne puis!
Songe donc, Marcelline, à quoi l'on me condamne:
Mon père ou Dominique! Oh! je voudrais courir,
Le ramener, sauver mon père... et puis mourir!
Car survivre à l'un d'eux, vois-tu, c'est chose pire
Que la mort!... Dominique!... Ah! mon cœur se déchire!
(Elle tombe assise, anéantie. On entend très au loin, très affaiblie par l'espace, la
diane française.)

MARCELLINE.

Écoute, loin, très loin, là-bas !
Ma Françoise, n'entends-tu pas,
Perdue et légère, une sonnerie ?
C'est le clairon français, je crois.
(Elle va regarder par une des meurtrières du mur.)
Oui, c'est bien notre infanterie.
Par delà les chaumes, je vois
Des points rouges courir déjà le long des bois !

FRANÇOISE, se levant et regardant à son tour.

J'entends, je vois ! que Dieu nous les ramène !
(Découragée, tout à coup.)
Mais non ! Il est trop tard, et c'est à peine
S'il nous reste un instant. Je dois prendre un parti.
(Après un temps.)
Qui sait par quel chemin Dominique est parti ?

MARCELLINE, avec autorité.

Françoise, il faut venir.

FRANÇOISE.

Va, je comprends, mon père
T'a dit, sans doute : « Emmène-la,
Et ne revenez plus ! » Il m'éloigne. Il espère
Garder tout le danger pour lui.
(Résolument.)
Mais non, c'est là
Qu'est ma place, c'est là qu'est mon devoir ! Je reste.

MARCELLINE, doucement.

Tu voulais retrouver Dominique.

FRANÇOISE.

C'est vrai !

Je suis folle. Allons, viens! Tout retard est funeste.
Je le retrouverai, je le ramènerai!

(A ce moment, un trompette ennemi paraît au fond, sonne la diane et passe. Une
autre sonnerie lui répond à distance.)

MARCELLINE.

Attends! c'est le réveil!

(Pendant ce qui précède, Dominique est venu avec précaution par la gauche.
Un grand manteau le couvre. Comme Françoise va pour sortir elle se trouve
devant lui et le reconnaît.)

SCÈNE II

FRANÇOISE, MARCELLINE, DOMINIQUE.

FRANÇOISE.

Toi! Dieu juste! Oh! va-t'en!

DOMINIQUE.

Toute la nuit, en des transes mortelles,
J'ai rôdé par les bois. Enfin, n'y tenant plus,
Voulant voir ce qu'ici vous étiez devenus,
J'ai, grâce à ce manteau, trompé les sentinelles,
Et me voici... Mais, puisque tu le veux,
Je repars à l'instant, si rien ne vous menace.

FRANÇOISE, se jetant sur lui pour le retenir.

Non! reste!... (A elle-même.) Oh! Dieu, que faut-il que je fasse?
Puisqu'il est revenu, maintenant, c'est affreux!
Puis-je le renvoyer?

5.

MARCELLINE.

Françoise, du courage!
Tout semble mieux tourner que je ne l'espérais.
Ces soldats sont allés battre le voisinage.
Et vous pouvez causer sans danger... (A part.) Moi, je vais
Chercher le maître.

(Elle rentre dans le moulin.)

SCÈNE III

DOMINIQUE, FRANÇOISE.

DOMINIQUE.

Enfant, ta main glacée
Tremble dans la mienne. Qu'as-tu?
Sous une anxieuse pensée,
Ton front pur reste abattu.
Oui, je soupçonne ici quelque effrayant mystère.
Si tu m'aimes vraiment, tu ne dois rien me taire.

FRANÇOISE.

De ma tristesse, ami, ne t'inquiète pas.
Nous serons gais, quand vont s'éloigner ces soldats...
Et ce sera tout à l'heure, j'espère.

DOMINIQUE.

Je vais donc t'embrasser et partir.

FRANÇOISE.

Un moment!...
Viens t'asseoir là, j'en ai tant à dire, vraiment,
Que tout se brouille dans ma tête.

DOMINIQUE.

Te voir, t'entendre, est une fête !
Va, je resterai tant que tu voudras,
Toujours, si tu veux.

FRANÇOISE.

Non, tu partiras,
Dans un instant. Mais laisse, laisse,
Que je sache où j'en suis.
                    (A part, dans un cri de douleur.)
                    Mon Dieu ! dans ma détresse,
Inspirez-moi ! D'un mot, vous pourriez me sauver !
          (Haut, s'efforçant de sourire.)
Voyons ! je vais trouver... je vais trouver...
     (Ils vont s'asseoir tous les deux, près du puits, à demi cachés au public.)

SCÈNE IV

LES MÊMES, LE CAPITAINE, MERLIER, MARCELLINE.

LE CAPITAINE, sortant du moulin, au père Merlier, qui le suit avec
                    Marcelline.

Vous entendez ! Aux sentinelles
Je viens d'en donner l'ordre encor...
Si vous tentez de fuir, vous êtes mort !

MERLIER, ferme.

Bon !

LE CAPITAINE.

Quant à ce garçon, toujours pas de nouvelles?

MERLIER.

Aucune!

LE CAPITAINE.

A la première attaque des Français,
C'est donc vous qui paieriez pour lui.

MERLIER, impatienté.

Bon! Je le sais.

Vous l'avez déjà dit.
(Le capitaine rentre dans le moulin.)

MERLIER, regardant avec inquiétude du côté de Françoise et de Dominique.

Pourvu, bonté divine!
Qu'ils n'aient pu nous entendre!

SCÈNE V

LES MÊMES, moins LE CAPITAINE.

MERLIER.

Écoute, Marcelline,
Pour décider Dominique à partir,
Tu vas mentir.

MARCELLINE.

Comment, mentir?

MERLIER.

Oui, tu vas, comme moi, dire que je suis maître,
Tout à mon gré, d'entrer et de sortir,
Que je suis libre enfin!

MARCELLINE.

Mais, c'est la mort!

MERLIER.

Peut-être.

Qu'importe! Le bonheur de ma fille avant tout!
Je suis vieux, moi! je puis m'en aller. Jusqu'au bout,
S'il faut mon sang, j'en fais gaîment le sacrifice.

MARCELLINE, le regardant longuement.

Maître, c'est bien... Je mentirai.
Sans remords, je serai complice.
L'amour qui s'immole est seul vrai.

J'aurais menti, je me serais damnée,
Pour conjurer la destinée
De mes garçons, que j'aimais tant!

Oui, voilà le devoir tel que mon cœur l'entend :
Se donner tout pour ceux qu'on aime,
Offrir sa vie en don suprême!

Parlez-leur donc à votre gré.
Maître, je mentirai!

MERLIER, allant frapper sur l'épaule de Dominique.

Te voilà revenu, garçon! quelle imprudence!

FRANÇOISE, se jetant au cou de son père.

Oh! père, expliquez-lui qu'il faut qu'il reste... Moi,
Je ne peux pas!

MERLIER, tranquillement.

Pourquoi
Veux-tu qu'il reste, dis, chère fille? Je pense,
Au contraire, qu'il doit repartir à l'instant.

FRANÇOISE, avec un cri d'angoisse.

Mais, vous, mon père, vous!

DOMINIQUE, soudainement éclairé.

Ah! mon esprit s'éclaire!
Je comprends à présent ce qu'elle voulait taire,
Et quel sort vous attend!
Ils vous ont arrêté, vous ont fait la menace
De vous fusiller à ma place!
Et vous alliez... C'est mal! mais enfin, me voilà!

MERLIER, souriant.

Garçon, il ne s'agit plus du tout de cela.
Je suis libre! A l'instant, on vient de me le dire.

FRANÇOISE.

Père, tu ne mens pas?

MERLIER.

Non, puisque je suis là.

FRANÇOISE.

Bien vrai, père?

MERLIER.

Aussi vrai que tu vois le ciel luire.

FRANÇOISE.

Mais nous sommes sauvés, père, c'est le bonheur !...
Quelle effroyable nuit, quel terrible supplice !
Vouloir, — si j'avais pu, j'aurais coupé mon cœur —
Entre mon Dominique et toi que je choisisse !...
    Et ces tourments sont donc finis !
    Enfin, nous voilà réunis !...
Ah ! de nouveau, que la maison flamboie,
Du clair lever du jour à son déclin !
Aimons-nous, travaillons, de toute notre joie,
    Au chant berceur de notre vieux moulin !

MERLIER, à Marcelline, pendant l'expansion précédente.

Je suis vieux, moi ! je puis partir, l'âme joyeuse,
    Si ma chère enfant est heureuse.
    Et, jusqu'au bout, je donnerai mon sang !

MARCELLINE, à Merlier, de même.

Se donner tout pour ceux qu'on aime,
    Offrir sa vie en don suprême,
C'est le devoir tel que mon cœur l'entend !

DOMINIQUE, reprenant.

Ne mentez pas, père Merlier !

FRANÇOISE.

                Hein ? père,
Ne mens pas !

MERLIER.

        Aussi vrai que le ciel nous éclaire,
Je ne mens pas ! Voyons, si je mentais,
Est-ce que je pourrais rire comme je fais ?...

Demande à Marcelline... Et, tiens! vois, elle-même
Rit de bon cœur.

MARCELLINE.

Bien sûr, quand je sais ceux que j'aime
Contents, je suis contente... Allez, soyez heureux!
Il dit vrai, je le jure, et nous rions tous deux.
Mentirions-nous à cette heure suprême?

Et nous sommes sauvés, le bonheur nous attend!
(A Merlier.)
Se donner tout pour ceux qu'on aime,
Offrir sa vie en don suprême,
C'est le devoir tel que mon cœur l'entend!

MERLIER.

Et nous sommes sauvés, le bonheur nous attend!
(A Marcelline.)
Je suis vieux, moi! je puis partir, l'âme joyeuse,
Si ma chère enfant est heureuse.
Et, jusqu'au bout, je donnerai mon sang!

FRANÇOISE et DOMINIQUE.

Et nous sommes sauvés, le bonheur nous attend!

Ah! de nouveau, que la maison flamboie!
Aimons-nous, travaillons de toute notre joie,
Au bruit du vieux moulin chantant!
(La diane française reprend au loin.

MARCELLINE, prêtant l'oreille.

C'est encor le clairon... Écoutez, on l'entend.

FRANÇOISE, avec joie.

O Dieu bon!

MERLIER, à Dominique.

Repars tout de suite...
Les Français! va, garçon, leur dire vite, vite,
Que l'ennemi n'est pas en nombre ici,
Et qu'ils viennent!

DOMINIQUE, décidé, exalté.

Enfin, c'est la bataille!
Et je vais donc risquer ma peau, sous la mitraille,
Pour délivrer Françoise et le moulin aussi!
Car j'ai fait le serment de protéger ma femme,
Fort, de toute ma force et de toute mon âme!...
Je vous sauverai tous!

MERLIER.

C'est ça, plus de souci!
(A Dominique.)
Embrasse ta Françoise!... Embrasse-moi!... Courage!
Il est temps. Va, sans tarder davantage!
(A part, lorsque Dominique est parti.)
C'est fini maintenant, allons, il faut payer!
(A Marcelline, lui montrant Françoise.)
Laisse-nous seuls.

MARCELLINE, au moment de sortir, avec un sentiment douloureux.

Adieu, père Merlier!

SCÈNE VI

MERLIER, FRANÇOISE.

FRANÇOISE, toute changée, heureuse.

Oh! père, que je suis contente,
Et que je respire aisément!
Grâce à vous deux mon épouvante
S'est dissipée en un moment...
Tous deux hors de danger! Je ne sais comment dire
Ma joie immense!

MERLIER.

Ton sourire
Me suffit, rien ne peut m'être plus précieux.
(Il l'embrasse.)
Ah! que je t'aime donc, ma fillette aux grands yeux!
(La retenant près de lui.)
Te souviens-tu, lorsque, toute petite,
— Déjà ta mère, hélas! était au ciel, —
Je te berçais, comme tu dormais vite,
A m'écouter chanter quelque antique Noël!

FRANÇOISE.

Oui, votre grosse voix se faisait si câline!

MERLIER.

Et quand, sous les rideaux de blanche mousseline,
Je t'allais border dans ton petit lit?

FRANÇOISE.

Oui, vous étiez si bon! la couverture fine,
Sous vos doigts qui tremblaient, ne gardait pas un pli.

MERLIER.

J'aimais à te voir dormant comme un ange...
Puis, à l'âge où l'enfant en fillette se change,
   A tes dix ans, quand nous causions, le soir,
Comme deux vieux amis, tu m'écoutais, ravie.
Je te disais : « Il est deux choses dans la vie,
Qui passent tout : aimer et faire son devoir. »

FRANÇOISE.

Vous m'enseigniez ce qui fait une fille honnête,
Et je me souviens bien, père, de la leçon !

MERLIER.

Eh bien ! si je n'étais plus là, sache, fillette,
T'en souvenir toujours !

FRANÇOISE, se dégageant, avec effroi.

                  Ah ! Dieu ! de quel frisson
   Me glace, tout à coup, votre parole !
Mais ce sont des adieux que vous me faites !

MERLIER, la reprenant, la cajolant.

                              Folle !

FRANÇOISE, encore un peu troublée.

Vous ne me cachez rien ?

MERLIER.

Non! non! rien! tout est bien!
Laisse-moi t'embrasser, comme, petite fille,
Je t'embrassais... Toi-même, embrasse-moi, gentille,
Rieuse, à pleine bouche, allons, plus fort, bien fort!
(La quittant, ferme, héroïque.
Là! c'est bien maintenant, je puis braver le sort!

VOIX, au dehors.

Les Français!

MERLIER, à part.

C'est fini!

FRANÇOISE, joyeusement.

Dominique les mène!

MERLIER, se retournant vers le moulin.

O mon pauvre moulin, va, ton heure est prochaine!
Ils vont te massacrer dans ce dernier assaut.
La brave vieille roue, en ses augets de chêne,
Ne chantera plus sous l'eau claire du ruisseau.

Mais, par vos soins, Françoise, il faudra qu'il renaisse!
Je l'aimais bien, sachez l'aimer à ma façon.
Rendez-lui sa joyeuse et robuste jeunesse,
Et vieillissez, heureux, bercés par sa chanson!

FRANÇOISE, très inquiète.

Et vous, père?
(Soudaine fusillade, clairons furieux, bataille à l'orchestre.

SOLDATS FRANÇAIS, au dehors.

A la baïonnette!
A l'assaut! à l'assaut!

SOLDATS ENNEMIS, au dehors.

Vite! en retraite!
Les Français, les Français!

SOLDATS FRANÇAIS, au dehors, plus près.

En avant, en avant!
(Les portes s'ouvrent, les soldats ennemis se rabattent en désordre.

SCÈNE VII

LES MÊMES, LE CAPITAINE et LES SOLDATS
ENNEMIS, puis MARCELLINE, DOMINIQUE, LE
CAPITAINE et LES SOLDATS FRANÇAIS.

LE CAPITAINE ENNEMI.

En retraite! Il faut nous replier à l'instant.
(Apercevant le père Merlier, debout, au milieu de la cour, avec Françoise.)
Ah! mais tout d'abord, réglons cette affaire!
(Il jette Merlier à six soldats armés qui le poussent dans la coulisse.)

FRANÇOISE.

Grand Dieu! mon père!

(Éperdue, elle est tombée à genoux, les bras tendus. — Fusillade.)

Ils ont tué mon père!

(Elle se redresse comme folle.)

Le capitaine français paraît avec Dominique, suivi d'un flot de soldats français. Dominique a un fusil à la main. Il se jette vers Françoise avec joie. D'un geste terrible, elle lui désigne son père. Marcelline, Dominique et Françoise forment un groupe désespéré.)

LE CAPITAINE FRANÇAIS, l'épée haute.

Victoire!

MARCELLINE, dans un grand cri douloureux.

Oh! la guerre!
Héroïque leçon et fléau de la terre!

(Rideau.)

FIN

11072. — Imprimeries réunies, rue Mignon, 2, Paris.

www.ingramcontent.com/pod-product-compliance
Lightning Source LLC
LaVergne TN
LVHW022118080426
835511LV00007B/890